54
L3 761.

PENSÉES ET RÉFLEXIONS

SUR

LA SITUATION ACTUELLE;

MAXIMES ET CONSEILS

A SUIVRE POUR EN ÉVITER LE RETOUR;

Par Sincère Pichault.

1er JUILLET 1848.

PRIX : 25 CENTIMES

Au profit de la caisse de la Société philanthropique de la classe ouvrière de Poitiers.

POITIERS

IMPRIMERIE DE HENRI OUDIN

PLACE NOTRE-DAME, N° 1.

1848

Ce recueil de pensées et de réflexions, écrit il y a déjà trois mois, n'était point fait pour être livré à la publicité, mais bien pour occuper les moments de loisir de l'auteur.

Ce n'est que d'après la prière de quelques honnêtes ouvriers qui en ont eu connaissance, qu'il vient d'être confié à l'imprimerie, et par conséquent à la critique du public, heureux si le débit en est grand ; ce sera une ingénieuse manière de créer une nouvelle ressource au profit de la *Caisse* de la Société philanthropique de la classe ouvrière de Poitiers, à laquelle l'ouvrage est dédié, et le produit offert.

PREMIÈRE PENSÉE DU LECTEUR.

Vos réflexions ne vous appartiennent pas toutes.

Je l'annonce, et vous en êtes prévenu.

On critiquera votre style.

Tant mieux, je le corrigerai.

On censurera votre franchise.

Tant pis, car je ne changerai pas.

Votre ouvrage n'aura pas de succès.

Je ne le saurai qu'après sa publication.

On peut hasarder et ne pas réussir, mais pour réussir il faut hasarder.

Que la vie est chose singulière, et que l'homme est étrange dans ses fantaisies !

Croit-il que le talent seul puisse le mettre au-dessus des calamités qui nous ruinent, qu'il se désabuse.

Un peu de gros bon sens, fortifié de vertus et d'exemples joints aux préceptes, serait peut-être cité, je me propose dans cette brochure de faire voir à ceux qui se sont égarés de la ligne de conduite qu'ils auraient dû suivre dans cette situation, qu'un peu de bonne volonté, de désintéressement et d'attention sur eux-mêmes, eût détourné les calamités qui pèsent sur la patrie, la douceur d'une vie irréprochable étant de beaucoup au-dessus de la vaine satisfaction de s'abandonner à son penchant.

Les hommes frivoles ne peuvent se passer de société, parce que le désœuvrement nous chasse toujours hors de nous-mêmes.

Je n'ai pas cru devoir exposer au public mes seules pensées, je ne me flatte pas du don de persuader, il n'est donné qu'aux esprits supérieurs.

Rien n'est si commun que de dire d'un homme qu'il est honnête homme ; rien de si rare que de trouver quelqu'un de parfait, à ne juger de son mérite que par les apparences ; on donne souvent à l'hypocrite l'estime que l'on ne doit qu'au véritable homme de bien : il faut approfondir la conduite de l'un et de l'autre, examiner par quels principes ils agissent ! *On séparera facilement l'or de l'alliage.*

Cette manière de montrer l'homme à lui-même par quelques maximes, qui sont autant de miroirs où chacun pourra se reconnaître sans rien préciser, ne saurait révolter l'amour-propre. On fait sans répugnance ce qu'on fait de son propre mouvement.

Comme la vertu et la droiture plaisent par elles-mêmes, quelque léger que soit l'effet que produira cette lecture, ce sera toujours une impression avantageuse, tel est le but que je me suis proposé.

L'homme oisif ne laisse aucune trace de son existence ; il disparaît sans avoir su se rendre utile, et sans être regretté de ses contemporains qu'il a d'avance accoutumés à le compter au nombre des morts.

La révolution de février a le double caractère d'une révolution politique et sociale.

Révolution politique, son œuvre est accomplie déjà dans les esprits : elle s'est traduite par un mot, celui de République. Voilà trois mois à peine qu'elle est sanctionnée ; bien que la France fût profondément, instinctivement républicaine par ses mœurs, par ses tendances, elle est sortie du sein de l'imprévu comme une surprise de la providence : on peut dire qu'elle n'a trouvé que des citoyens ralliés et non des esprits prévenus.

Loin de chercher à l'entraver dans son essor, il faut par des actions probes et honnêtes lui faciliter tous les moyens d'atteindre dignement, sans efforts et sans secousses, le but le plus noble, le plus chrétien que l'on puisse se proposer : *liberté, égalité, fraternité*, heureuse communauté de sentiments qui peut enfin donner à la République sage et généreuse l'espérance de pouvoir braver à l'abri d'une telle égide les efforts désespérés de toutes les factions coalisées contre le repos de la France.

Le doute et l'incrédulité, c'est la fleur et le fruit.

Qu'ils sont impolitiques, ces hommes qui s'efforcent d'éteindre dans la société tout sentiment de religion ! Effacez l'idée du grand ordonnateur, et bientôt nos cités seront peuplées de froids égoïstes qui, pour parvenir au pouvoir et à l'opulence, se noirciront de crimes, lorsqu'ils seront sûrs d'échapper à la surveillance des lois. Oui sans doute la religion bien entendue est la base des institutions sociales et un supplément nécessaire à la force coërcitive des lois. Que les utopistes et leurs disciples cessent donc d'affliger l'homme de bien par leurs déclamations insensées, et n'aient plus la cruauté d'arracher du cœur du juste opprimé la seule pensée qui le console, celle de la justice suprême.

Mais j'entends l'apôtre de l'anéantissement faire l'énumération des scènes d'horreur dont la religion (*ou plutôt la superstition*) a effrayé le monde. L'athée peut se dispenser de présenter ces sombres tableaux. Il peut se dispenser de dire que les prêtres des religions révélées sont ordinairement orgueilleux, intolérants; je ne l'ignore point. Lorsque je parle de religion, je n'ai pas en vue le *mahométisme*, ni aucune de ses sectes dominantes qui ont presque toujours pour compagne la superstition et l'intolérance; mais une religion douce, bienfaisante, sociale, fondée sur les principes d'un grand être et d'une vie future, étayée d'un corps de morale à la portée du peuple, et dont le culte majestueux, solennel et conforme à la saine raison est propre à élever l'âme et à la préparer aux vives impressions de la vertu.

Quel enchaînement incroyable de calamités! Comment peut-on dans l'état où sont les esprits et surtout les mœurs espérer de tirer la France d'un tel gouffre et guérir ses plaies profondes? Est-ce qu'un génie tutélaire ne veillera pas à son salut, et ce génie se fera-t-il longtemps attendre?

Pour prévenir de semblables malheurs et assurer la tranquillité et la prospérité durables, il ne suffit pas qu'un gouvernement soit bien constitué, ce qu'il importe avant tout, c'est que ceux qui en auront la direction possèdent les qualités d'hommes probes, sages, libres, moraux, et dégagés surtout de tout intérêt personnel; la vérité seule et la justice, qui ne changent jamais, sont la base invariable sur laquelle reposent les gouvernements et qui peut en assurer la durée; c'est alors que l'exemple venant véritablement d'en haut, le peuple profitant journellement du bel exemple qu'il aura sous les yeux, nourri aussi d'instruction solide et morale, disparaîtront ces révolutions périodiques, et fera de la France, le plus fort, le plus vénéré et le plus beau peuple du monde.

Liberté, égalité, fraternité.

Rien au monde ne serait admirable comme une France républicaine, sage, modérée, et vraiment fidèle à ce triple devoir. On ne peut qu'être unanime sur ce point, ce n'est donc plus qu'une question de pratique; mais il nous faut pour cela l'ordre et la liberté : ces deux nécessités sociales sont solidaires et se garantissent l'une par l'autre, mais l'ordre et la liberté ne se rencontrent jamais que dans l'union de tous.

Les caractères fermes ne plient pas aisément sous les volontés de ceux qui veulent les subjuguer de vive force; c'est par des déférences, des caresses et des attentions, qu'on parvient à se saisir d'un empire que de toute autre manière on n'eût pas obtenu.

En République chacun doit être véritablement probe, sage, libre : n'est pas républicain celui qui prend la forme pour le fond, qui destitue les fonctionnaires et s'empare des fonctions.

Qu'est-ce que la République si les dissensions s'aggravent, si les divisions se perpétuent, si les haines s'éternisent! Pour peu que nous restions dans cet état violent de malaise et d'anxiété, nous n'en sortirons plus que pour aller à l'anarchie ou à la servitude.

Nous devons tous aujourd'hui par patriotisme, par devoir, par intérêts bien entendus du pays, nous rallier franchement au gouvernement républicain; c'est la République qui est aujourd'hui le principe de l'ordre, la source de la puissance nationale; après la République il n'y a plus que l'abîme, la guerre civile et la désorganisation. Evidemment, lorsque cette forme de gouvernement est appliquée et arrêtent tout progrès ! Montrons-nous dignes par nos actes d'être appelés républicains.

Ce n'est point par mépris qu'on évite quelquefois la société de ses inférieurs ; c'est délicatesse, c'est convenance. Laissons enfin toutes nos déclamations philosophiques : la grandeur exige des égards qu'il serait mal séant de lui refuser. Loin de prétendre à la familiarité des hommes puissants, soyons aussi sages, aussi discrets que l'abbé Gallois, l'un des premiers collaborateurs du journal des savants. M. Colbert, disait-il, veut se familiariser avec moi, mais je le repousse par le respect. Cela est bien, je n'y vois pas l'oubli des convenances, et j'y vois toute la dignité de l'homme qui pense.

Le bon républicain, à mon sens, doit être vertueux, courageux, et surtout généreux ; le premier acte qu'il doit accomplir, c'est de faire abnégation complète et sincère de toutes ses vieilles rancunes ! Heureux, cent fois heureux, les citoyens qui sont d'accord ensemble, l'estime des hommes est leur récompense, la prospérité les accompagne. Ils n'ont pas besoin d'être riches ni puissants, n'ayant rien à se reprocher, ils le sont assez d'eux-mêmes.

La République, comme la comprennent les honnêtes gens, est tout aussi facile à faire tenir debout que l'œuf de Christophe Colomb ; si elle tombait, ce serait la faute d'abord des républicains exaltés de la veille qui l'auraient mal comprise en cherchant leurs inspirations dans le passé ; et ensuite de la part de nos législateurs constituants, s'ils se divisaient et venaient à perdre cette fermeté de caractère, et se laissaient aller à des oscillations stériles qui n'ont servi à aucun pouvoir, au lieu de nourrir ce feu sacré qui leur a été confié par leur mandat, et inculqué de nouveau par l'enlèvement héroïque des barricades ; s'ils permettaient encore que de frivoles dissensions et de vils intérêts suivis *d'abus*, travaillassent sans cesse à l'éteindre. Car on ne porte pas un vieux chiffon à la papeterie qui ne soit destiné d'avance à éclairer le peuple en grandes lettres sur ses intérêts.

La presse, cette mère féconde, accouche perpétuellement depuis plusieurs années, et ne produit que des *lettres politiques, des observations politiques, des discours politiques, des œuvres politiques, jusqu'à des almanachs politiques, et enfin des journaux qui se critiquent.* Bravo! citoyens publicistes, c'est ainsi que vous ouvrez les yeux, ou plutôt c'est ainsi que vous jetez de la poudre pour aveugler, moyennant quoi on n'y voit plus goutte. O écrivains mal intentionnés! vous vous égarez dans la carrière de la gloire; craignez que la postérité ne flétrisse vos lauriers éphémères. Cette maladie épidémique nous est occasionnée par l'incurie, la cupidité et l'intérêt des passions; nous ne savons jamais aussi d'une manière définitive où nous en sommes avec nos assemblées perpétuelles et leurs longues délibérations qui ne mènent à rien.

Triste symptôme qui mérite de la part de nos constituants un examen immédiat et sérieux sur la direction à donner à ce puissant moteur qui doit plutôt tendre à moraliser qu'à corrompre.

Législateurs, votre tâche est pénible! Que vous devez réunir de vertu et de dévouement pour vous acquitter envers le peuple! Ce n'est pas assez de vouloir son bonheur, il faut le faire, même aux dépens du vôtre. Il faut enlever les armes au crime, protéger l'innocence dont vous vous êtes déclarés l'égide; il faut appeler ici la paix et la vertu; dans leurs mains est le sceau de la prospérité publique : alors vous aurez seulement rempli votre devoir et mérité le prix de l'estime. Soyez enfin l'écho de ce sévère sentiment public qui veut qu'on fasse à la chambre des affaires et non des *essais* d'éloquence, qu'une assemblée qui en est chargée par le pays ne saurait vraiment accepter, car ce serait un crime par le temps qui court.

Le zèle, l'ordre, le bon cœur et la bonne volonté, sont plus puissants quelquefois que tous les Crésus du monde.

Tout sentiment de vanité personnelle devrait aussi disparaître devant celui du péril public.

Après une attente déjà longue et rendue plus pénible par de cruelles épreuves, la France a besoin de savoir à quelles institutions elle va être soumise ; elle veut sortir d'un provisoire qui entretient les doutes, l'inquiétude et l'agitation.

Point de travail sans la sécurité, point de sécurité sans un pouvoir stable.

Le premier besoin d'une nation est de savoir sous quel régime et sous quel gouvernement elle doit vivre ; il n'y a pas question plus urgente à résoudre ; tant qu'une pareille question reste en suspens il n'y a pas de sécurité possible : l'incertitude qui règne dans les esprits, entretient les ambitions et encourage les projets séditieux ; les factions n'oseraient point tenter contre un pouvoir solidement établi les attaques qu'ils se permettent contre un pouvoir précaire et incertain : sans la sécurité publique, comment espérer que le commerce et l'industrie renaissent.

Les révolutions traversent les siècles ; la face de la terre est renouvelée, et l'homme ne devient pas meilleur.

Les commissions exécutives, les ministres et l'assemblée elle-même ont donné naissance à une foule de longueurs et de tiraillements qui ont empêché l'expédition des affaires et la marche de la République vers l'organisation que le pays attend avec impatience.

Parlez moins du peuple et faites beaucoup plus pour lui : tel devrait être la maxime de ceux qui veulent diriger notre destinée et assurer le bonheur de la patrie. Car il aime la sincérité, et il méprise la duplicité, il a pour les deviner un tact admirable.

Quelqu'un disait d'un trait d'ingratitude : cela se pardonne, mais ne s'oublie pas.

Avertissons aussi le pouvoir des méprises où il peut tomber en croyant que c'est par la force qu'il peut régénérer : un taureau peut vaincre par la force, mais il est de la dignité de l'homme de vaincre seulement par la raison.

Qu'ils ne croient pas que le monde appartient à la force, c'est à l'idée! A quoi donc servirait l'exemple et les leçons?

Que les hommes d'intelligence et de bonne volonté qui ont dans les mains le gouvernement de la France prennent donc garde aux méprises. L'ordre tient à la logique des idées, si les idées sont droites, et si la pratique des idées droites sortait d'elle-même de tout l'ensemble de la politique, évidemment la société serait alors dans la plénitude de l'ordre.

Tous les crimes que l'on commet dans une révolution pour la soutenir, sont précisément ce qui la tue.

Chacun voit le salut de la patrie à sa manière; pour moi j'avoue franchement que les plus belles phrases ne me feront jamais croire qu'il puisse se trouver autre part que dans la raison, car c'est d'elle que doivent ressortir la vérité et la justice. Le simple bon sens eût dû indiquer la ligne de conduite à suivre dans le conflit, au lieu d'entrer dans un débat de propositions, au lieu de trancher les difficultés par des décrets, au lieu des décisions qu'ont compromises de graves intérêts, au lieu de faire quoi que ce soit qui pût jeter la désunion entre l'ouvrier et les maîtres, il fallait faire entendre aux uns et aux autres que le moyen d'échapper à la ruine et à la misère, était de se faire des concessions mutuelles tout d'abord, et ensuite de rechercher, en s'entourant d'hommes spéciaux et pratiques, à savoir : 1° Pourquoi les villes s'encombrent journellement d'ouvriers, et quel en est le principal motif ; 2° remédier à cet abus par des moyens justes et équitables, capables de rendre la tranquillité et la prospérité croissantes, ce que la nation a le droit d'attendre de la mission de ses représentants.

Tant qu'il y aura des ambitieux les méchants seront flattés.

Le mal le voici : presque sous tous les gouvernements, les hommes en général appelés à conduire les affaires de l'état ont eu de préférence plus de tendance à l'ambition des honneurs et emplois bien salariés, qu'à l'occupation directe et sincère du bonheur des peuples ; et généralement aussi ils ne se sont jamais rappelés, qu'en *théorie*, de faciliter la prospérité du sol si fertile quand les bras le cultivent, mais bien, en réalité, pour le censurer par l'impôt.

L'ambition est une perfide maîtresse.
Elle étouffe celui qui l'entretient.

Puisqu'une nouvelle ère s'ouvre devant nous, ne serait-ce pas aussi le moment de voir les hommes se retremper en mettant réellement en vigueur le dogme de l'immortalité de l'âme, parce qu'il est la base des vertus. Les grands emplois ne font pas les grands hommes ; mais les grands hommes communiquent de la grandeur aux moindres emplois.

Législateurs, la France entière vous a confié son mandat sacré; choisis dans son sein, vous devez connaître ses besoins les plus pressants.

L'une des plus grandes plaies de la situation actuelle, sans contredit, est dans les finances. Je voudrais vous y voir porter l'ordre, car l'ordre est la source de la fortune publique, et par conséquent du travail et de la prospérité de tous pour y rétablir graduellement l'équilibre; mais par des moyens autres que ceux usités jusqu'à ce jour, ou pour mieux me faire comprendre, en supprimant le cumul des emplois *à un certain degré*, en diminuant les gros traitements; ou faire que, comme sous l'empire, ceux qui en seront favorisés fassent de la dépense et ne *thésaurisent pas!*

Il est trois grandes époques dans la vie, celle de la confiance, où tous les hommes paraissent bons; celle de la défiance, où tous semblent méchants, et celle de l'indulgence, où l'on s'aperçoit qu'ils ne sont que faibles.

Faites encore que l'agriculteur, souvent père de nombreux enfants, puisse se procurer des capitaux à un faible intérêt dont l'emploi le mette à même de cultiver ses champs bien plus en grand et avec plus d'avantage, sa famille lui restera, trouvant plus de travail à la ferme, et aussi du bien-être auquel naturellement on se rattache toujours.

Il importe par-dessus tout aussi de créer de nouveaux éléments de production en livrant à la culture les terres stériles; mettez-vous donc à l'œuvre, par là vous augmenterez la quantité des céréales et des subsistances alimentaires; vous fournirez aux ouvriers sans emploi les moyens de vivre sur le sol des fruits de leur travail. Vous aurez préparé en même temps une nouvelle évolution des classes laborieuses.

Les villes alors ne verront plus ces migrations de jeunes

paysans, quitter la vie champêtre pour y aller prendre une nouvelle profession qu'ils croient plus honorable et plus lucrative, par ce moyen vous verrez décroître dans les villes les bras oisifs.

L'ouvrier vraiment laborieux se tiendra à son travail habituel, il ne redoutera plus autant la concurrence, source de la baisse des prix ; les travaux sérieux reprendront naturellement leur cours, la tranquillité renaissante, maîtres et ouvriers s'entendront bien, car il ne faut pas se dissimuler que les temps de brouille ont laissé en arrière bien des travaux qui graduellement se reprendront aussi.

L'ambition fait beaucoup de mal, en ce qu'elle dévie souvent un honnête homme de sa route.

Du pain et des lumières, voilà ce dont les masses ont besoin. L'école et l'atelier ne doivent jamais manquer à l'homme du peuple; mais ce n'est pas en décrétant le travail comme un droit, ainsi qu'on se propose de le faire, qu'on l'assure en réalité ; c'est en le faisant sortir naturellement d'un meilleur système de finances, d'une politique plus libérale et plus sage, d'idées plus justes, et de mœurs meilleures, de tout ce qui, en un mot, établit et raffermit sur ses véritables bases l'ordre social et la prospérité du pays.

L'un des premiers moyens d'être heureux, c'est de songer au bonheur de ceux qui nous entourent.

Les premiers créanciers de la nation sont les bras qui demandent de l'ouvrage, et la terre qui attend des bras ! L'instruction primaire et religieuse est incontestablement aussi un des premiers besoins d'un peuple libre. Malheureux pères qui élevez vos enfants dans l'incrédulité, dites à quoi sert l'athéisme ? à briser un des plus forts liens qui puissent enchaîner le vice et le crime, à nous ôter les plus douces espérances, à priver les infortunés de la seule et dernière consolation qui leur reste.

Par intérêt pour eux, par prudence pour vous, ne laissez pas croître ces jeunes créatures dans une coupable indifférence, vous ignorez le sort qui les attend ; ne leur refusez donc pas un secours qui peut leur être quelque jour nécessaire.

Philosophes, quand sur le chemin du doute vous conduisez à l'incrédulité, que reste-t-il pour servir d'encouragement aux faibles, de frein aux méchants, de consolation aux malheureux et de signe d'union à tous les hommes ? Rappelez-vous que vous êtes mortels, et que vous n'êtes qu'une épreuve sous les yeux de Dieu qui vous observe et tient compte de toutes vos actions et de tous les mouvements de votre cœur ; qu'il n'y a aucun qui puisse charger l'un ou l'autre côté de la balance qui doit décider de votre bonheur ou de votre malheur éternel.

Il n'y a personne si ignorant et si barbare qu'il soit qui, en levant les yeux au ciel et en contemplant sa grandeur, ses mouvements, sa disposition et les avantages que nous en tirons, ne soit convaincu qu'il y a une providence, et que tant d'ordre et d'égalité ne peuvent être que l'effet d'une intelligence supérieure.

Si par la constitution vous reconnaissez aux pauvres un droit d'assistance, aux ouvriers un droit au travail, vous les autorisez implicitement à exiger l'assistance et le travail par la force, c'est alors que les utopistes pourront dire que des deux côtés des barricades existe le droit.

L'homme est de trop noble origine pour tendre la main et pour recevoir, il doit agir par lui-même et conquérir par le travail les ressources nécessaires à la subsistance de sa famille.

N'épargnez pas à l'homme le soin de pourvoir aux besoins de son existence ; débarrassez-le des soucis de l'avenir ; vous aurez réchauffé en lui cette activité de l'intelligence, et au lieu de faire un esclave, vous aurez fait un citoyen.

Il est une maxime bien juste et qu'il est bon de ne pas laisser ignorer.

Aide-toi, le ciel t'aidera.

C'est qu'en effet on ne doit jamais laisser perdre de vue à l'homme que dans l'ordre matériel comme dans l'ordre moral, c'est à lui-même qu'il appartient de régler et de faire sa destinée.

C'est là ce qui le distingue et ce qui l'élève au-dessus de la création, seul au milieu des êtres qui l'entourent, il est libre et il se conduit en vertu d'une volonté qui lui est propre.

De là ses droits, mais aussi ses devoirs.

Etres mal intentionnés, qui vous prêtez comme vous le faites aux manœuvres des ennemis de la société et de la République, vous détruisez la fortune publique sur laquelle vous voulez vivre ; vous tuez le travail, objet même de vos démarches ; vous vous faites les complices du parti de la misère qui fonde son ambition sur l'excès même de vos souffrances. Le commerce de la plupart des hommes qui vous entraînent ne roule que sur la finesse, leur habileté ne consiste qu'à tendre des piéges pour y faire tomber ceux qu'ils amusent par les apparences d'une fausse sincérité ; il est d'autant plus difficile de se défendre de leurs artifices qu'on ne s'en défie point, et qu'on ne se tient pas sur ses gardes.

On ne peut soupçonner un homme qui nous parle en confidence, et qui fait semblant de nous révéler des secrets qu'il nous ait choisi pour être sa dupe.

Plusieurs exemples vous ont déjà appris que le règne de l'intrigue est toujours limité, tel que le nuage épais qui voile un instant le soleil, mais que l'aquilon fougueux chasse bientôt et fait disparaître, l'intrigue ne résiste point au choc de la vérité ; elle se lève lentement, mais invincible, elle la terrasse toujours.

La sincérité est l'âme du commerce et de la société civile ; cependant c'est une vertu très rare dans un siècle aussi raffiné que celui où nous vivons ; c'est un art ou un métier que de déguiser ses sentiments ; ce qu'on témoigne d'ouverture de cœur n'est qu'un manége pour attraper les confidences des hommes. *On ne trouve de gens sincères que ceux qui n'ont pas assez d'esprit pour être fourbes.*

Soyez simple dans votre conduite, dit la religion, humble dans vos élévations, modeste dans vos bons succès, obligez vos amis, ayez de l'indulgence pour les malheureux, point d'hypocrisie dans vos actions, fut-elle nécessaire à votre agrandissement, toujours une profession sévère de droiture et d'équité, fut-elle contraire à vos projets. Tels sont les principes du christianisme. *Quelle opposition entre Dieu et le monde, quelle différence entre les règles de la belle morale et les lois d'une politique humaine.*

Il faut être généreux et ne jamais perdre aucune occasion d'en donner des marques ; cette qualité a quelque chose de divin qui laisse un arrière-goût dans le cœur, qu'il faut avoir senti pour le bien comprendre ; car y a-t-il rien qui approche plus de la divinité, que de rendre le bien pour le mal, d'avoir pitié des malheureux, et d'oublier les injures.

Riches du siècle, abandonnez vos frayeurs, déliez votre bourse, ne thésaurisez pas ; il existe dans la société une classe d'hommes honnêtes et laborieux, prêts à vous secourir si jamais vous veniez à être menacés dans vos intérêts, suite inévitable d'une aussi longue anxiété qui ferait naître l'anarchie.

Vous le savez, ils vivent presque tous au jour le jour ; alors leur souffrance doit être bien cruelle d'après le chômage forcé qu'ils ont subi depuis si longtemps sans se plaindre. Dieu qui vous a favorisé de la fortune, ne vous l'a pas départie pour l'augmenter sans cesse. Soyez conséquent avec ce principe : quel plus bel usage pouvez-vous en faire, si ce n'est de venir au secours des malheureux, par la reprise de vos habitudes et par des travaux qui vous seront toujours utiles. Il est temps enfin que le malaise général cesse, car moralement vous souffrez aussi. Quand on s'amuse en haut, on travaille en bas, la fortune ne doit point être une eau dormante ; mais, ainsi qu'un torrent qui s'échappe d'une montagne et se divise en ruisseaux pour alimenter la plaine, ainsi l'or du riche doit se fractionner pour alimenter l'ouvrier, non par l'aumône, il n'en veut pas, mais par le travail, résultat de toute dépense.

Quand le salon est muet, la guinguette se tait ; lorsque, au contraire, le riche a dansé pendant la semaine, le pauvre danse le dimanche.

Cette concession, humblement demandée, favorisera la renaissance du crédit public et le retour de la confiance, source de la prospérité générale, née des nécessités d'une situation qu'il dépend de vous de maîtriser.

Le mouvement industriel reprendra son cours, les relations commerciales interrompues se renoueront.

On s'enrichit réellement par la bienfaisance ! Et j'oserais même dire que l'homme opulent commet un crime en recevant toujours et ne donnant jamais ; le plus noble usage que l'on puisse faire des richesses, c'est assurément de les répandre à propos.

Je dois me borner à ces simples réflexions, et conclure que les dépositaires des destinées de la France doivent rechercher avec soin les causes du malaise qui l'absorbe, étudier ses besoins et s'efforcer de les satisfaire, s'ils ne veulent pas nous exposer à de nouvelles catastrophes.

Et si je parlais à quelques provocateurs de révolutions, je leur dirais : Novateurs inconsidérés qui fomentez des insurrections populaires, avant de porter la hache destructive, pensez aux cruels effets des révolutions.

Voyez quelle matière vous allez jeter dans le sein de la société : pensez à la guerre désastreuse, intestine, que vous allez probablement allumer ; pensez aux citoyens qui seront moissonnés par le fer, à ceux qui seront sacrifiés par les factions, à ceux que le chagrin va consumer après la perte de leur état qui est toute leur fortune.

Portez aussi vos regards sur l'industrie et le commerce que les orages politiques obligeront d'abandonner vos contrées, et n'oubliez pas surtout que presque toujours le génie des révolutions dévore les téméraires qui ont sollicité sa présence.

Poitiers. — Imprimerie de Henri Oudin.

www.ingramcontent.com/pod-product-compliance
Lightning Source LLC
Chambersburg PA
CBHW071434060426
42450CB00009BA/2173